»KATZEN KANN MAN ALLES SAGEN«

Geschichten und Gedichte

Herausgegeben von Matthias Reiner
Illustriert von BECK

INSEL VERLAG

Insel-Bücherei Nr. 1494

»Wenn ich mit meiner Katze spiele, wer weiß, ob sie sich nicht mehr die Zeit mit mir vertreibt als ich mit ihr?«

Michel de Montaigne

INHALT

»KATZEN KANN MAN ALLES SAGEN«

ROBERT GERNHARDT

Von einer Katze lernen,
heißt siegen lernen.
Wobei siegen »locker durchkommen« meint,
also praktisch: liegen lernen.

Sie sind ein sieghaftes Geschlecht,
diese Katzen.
Es gibt ihrer so viele wie Spatzen im Land.
Doch wer streichelt schon Spatzen?

Sie ist gar kein rätselhaftes Tier,
so eine Katze.
Sie will viel Fraß, etwas Liebe, doch meist
horcht sie an der Matratze.

Was eine einzige Katze uns lehrt,
lehren uns alle:
So viel wie möglich nehmen, ohne zu geben,
und dann ab in die Falle.

PAUL KLEE

Letztes

In Herzens Mitte
als einzige Bitte
verhallende Schritte

von der Katze ein Stück:
ihr Ohr löffelt Schall
ihr Fuß nimmt Lauf
ihr Blick
brennt dünn und dick
vor ihrem Antlitz kein Zurück
schön wie die Blume
doch voller Waffen
und hat im Grunde nichts mit uns zu schaffen

JOSEF GUGGENMOS
Katzen kann man alles sagen

Auf der Treppe saß ein Mädchen,
ein graues Kätzchen auf dem Schoß.
»Dreimal drei ist zwölfundzwanzig«,
flüsterte es ihm ins Ohr.

»Aber ja nicht weitersagen!«
Ernst sah es das Kätzchen an.
Keine Sorge! dacht ich, als ich's
im Vorübergehn vernahm.

Katzen kann man alles sagen.
Was man auch zu ihnen spricht,
sie verraten kein Geheimnis.
Katzen machen so was nicht!

Und dass das klar ist, ich bin hier nicht dein Dienst-mädchen!
FUT-TER
KITTY

ELKE HEIDENREICH
Liebe Klara

Sainte Luce,
10. September 1989

Liebe Klara,

so weit und so lange waren wir noch nie getrennt, und noch weiß ich nicht, ob Du mir fehlst. Es ist gar nicht schlecht, sich nachts im Bett in alle Richtungen strecken zu können – wenn Du auf der Decke liegst, kriege ich dafür stets ein so böses Knurren und ein so giftiges Fauchen, daß ich mich schon längst nicht mehr traue, bequem zu liegen. Es ist auch angenehm, beim Frühstück Zeitung lesen zu können – Du hast ja so eine Art, Dich immer gerade auf das Blatt zu legen, das ich lesen will, und daß nicht alles, was ich auf meinem Teller habe, mit dieser Mischung aus Neid und Mißfallen angeglotzt wird, das genieße ich auch.

Ich will damit nicht etwa sagen, daß ich froh wäre, Dich für eine Weile los zu sein, liebe Klara. Aber in letzter Zeit hast Du mich zunehmend an Mutter erinnert, und das ist nicht erfreulich, weißt Du. Als ich Dich damals nach ihr nannte: Klara – da habe ich mir nicht viel dabei gedacht. Deinen richtigen Namen hast Du mir ja leider nie verraten, als Du in mein Leben tratest – schon bejahrt, schon ziemlich dick, und nach Deinem Zahnstein und Deiner etwas langweiligen Art zu schließen, nach einem Leben mit Trokkenfutter und Sofakissen. Fünf Tage lang saß ich vor Dir

und sagte alle Katzennamen auf, die nur denkbar sind –
Mizzi? Maunz? Pussi? Bella? –, und Du hast mich stumm
und streng angeschaut und gedacht: »An was für eine Wahn-
sinnige bin ich denn jetzt geraten.« Reagiert hast Du nur, als
ich entnervt schrie: »Ja, heißest du denn vielleicht Rumpel-
stilzchen?« Da hattest Du auf einmal diese aufgerissenen
Augen, wie Mutter, wenn ich als Kind mal in Zorn geriet,
kühl: »Wir wollen es nun doch aber nicht übertreiben.« So
habe ich Dich Klara genannt, nach ihr.

Daß Du ihr nun immer ähnlicher wirst, ist eine Deiner
Tücken. Ich meine nicht nur Deine Figur – weiß der Himmel, warum Du immer runder wirst! Ich stelle Dir Teller
mit gesunder Kost in ausgetüftelten Mengen hin, aber in
der Nähe muß eine Rentnerin wohnen, die Dir täglich Heil-
butt in Butter dünstet – Du kommst ja oft genug satt und
mit hochmütigem Gesicht nach Hause: »Woanders wird
man noch geschätzt ...«

Du hast Dir auch diese Art zugelegt, alles zu kritisieren,
was ich mache. Öffne ich ein Fenster, mußt Du das Zimmer
mit erhobenem Schwanz verlassen, weil es angeblich zieht.
Hole ich den Staubsauger, fliehst Du aus dem Haus mit
dem Satz: »Kann man denn nirgends etwas Ruhe haben?«
Lege ich mich in die Badewanne, so hockst Du Dich auf
den Rand, starrst angewidert ins Wasser und denkst: »So
eine Afferei.« Ich kann Dir nichts recht machen. Mutter
tut heute noch so, als hätte ich ihr emanzipiertes Frauen-
leben zerstört durch meine bloße Existenz. Und Du tust

so, als seist Du bei mir von verlorenen Paradiesen in eine
Hölle gekommen, oder sagen wir: in unzumutbare Wildnis.
Du verzeihst es mir nicht, daß ich einen Garten habe und
daß Du deine Würstchen jetzt da legen mußt und nicht
mehr in eine Kiste mit weißem Sand, wie Du es wohl gewöhnt warst. Ich sehe Dich durch das nasse Gras staksen,
zimperlich, die Pfoten hochziehend, damit es ja nicht pikt,
und Du legst die Ohren an und wirfst mir vor, daß das
Leben gefährlich für Dich geworden ist mit soviel NATUR.
Einmal habe ich gesehen, wie Du Dich glücklich in der Sonne gewälzt und den Vögeln nachgeschaut hast. »Na, Klara«,
habe ich gesagt, »nun gefällt es dir ja doch.« Du hast Dich
umgedreht und bist böse ins Haus gegangen. Auch Mutter haßte es, wenn man sie dabei ertappte, daß ihr doch
einmal etwas Freude machte.

Es ist nicht einfach, mit Dir zu leben, liebe Klara. Warum
zum Beispiel legst Du Dich nur dann quer über meinen
Schreibtisch, wenn Du klatschnaß aus dem Regen kommst?
Ich habe immer das Gefühl, daß Du damit Deine Mißach-
tung für meine Arbeit ausdrücken willst. Oder ist das Deine
verkorkste Art, doch eine Art Zuneigung zu zeigen? Einmal
bin ich in Tränen ausgebrochen, weil Du mir ein so wich-
tiges Manuskript ruiniert hast – da bist Du auf meinen
Schoß gesprungen, hast mich gekratzt und gesagt: »Mein
Gott, bist du empfindlich, so war es doch nicht gemeint.«
Wie Mutter. Als ich ein Kind war, habe ich ihr manchmal
Briefchen, kleine Gedichte, Geschichten geschrieben. Sie

sah sie an, nickte kurz, und dann ritschratsch weg damit – so machst Du es, wenn ich Dir ein Spielzeug mitbringe oder einen Wollball bastele: ein Blick, ein Tupfen mit der Pfote, und dann ein Hieb, daß das Ding in die hinterste Ecke fliegt, nie mehr beachtet wird: Schnickschnack. Brauchen wir nicht. Sentimentalitäten. Dummes Zeug.

Liebe Klara, und wie Du Dich aufgespielt hast, als Rosa zu uns kam! Rosa, die so still und bescheiden ist, die sich nie auf Deine Plätze legt, die nie von Deinem Teller frißt, die einen weiten Bogen um Dich macht und froh ist, daß sie bei uns wohnen kann – und Du? Du fauchst sie an, wenn sie heimkommt. Du legst Dich auf ihren Platz, Du vertreibst sie vom Sessel, wenn sie tief schläft, erschreckst sie zu Tode und hast Deinen Spaß daran. Du bist launisch, neidisch, berechenbar. Man weiß nie, ob Du zu einer zärtlichen Geste oder zu einer gezielten Ohrfeige ausholst. Du bist kleinlich, leicht und ausdauernd beleidigt, und ich sehe Dich oft an, wie ich Mutter früher angesehen habe, wenn sie mich stundenlang nicht beachtete, und denke: »Ob sie mich überhaupt mag?«

Ich würde Rosa gern grüßen lassen, aber Du richtest es ja doch nicht aus. Rosa zu schreiben hat keinen Zweck, sie kann ja nicht lesen, sie zerträumt den Tag im Garten, während Du schon längst auf dem Briefkasten sitzt und nachschaust, wer geschrieben hat. Einmal habe ich Dich vor meinem Tagebuch sitzen sehen. Mutter hat auch immer in meinen Tagebüchern gelesen, und Du hast mich mit ihrem

„...und dann habe ich schon wieder an der
Rückseite vom teuren Sofa im Salon gekratzt..."

klaren kühlen Blick angeschaut, als ich ins Zimmer kam: »Du findest dich wohl sehr sehr wichtig, was?«

Ich habe hier eine schmale graue Katze kennengelernt, die niemandem gehört. Ich nenne sie Lina und stelle ihr zu essen hin, aber anfassen darf ich sie nicht. Am Nachmittag liegen wir zusammen auf der Terrasse, ich im Liegestuhl und Lina auf den warmen Fliesen, und dann schauen wir aufs Meer hinaus, und ich erzähle von Dir. Solche Katzen wie Dich kennt sie nicht – so selbstbewußt, so streng, so wichtig. Sie ist es nicht gewöhnt, daß der Tisch immer gedeckt ist. Hier sind die Winter hart, die Steinwürfe nach streunenden Katzen zahlreich, hier schleicht man sich rasch und lautlos an den Küchen vorbei. Du schleichst nie. Du bist als Königinmutter geboren, Du hast den Gang, der alle strammstehen läßt, Königin Klara die Erste, danach kommt lange nichts, dann ich – als Dienstmädchen.

Einmal, als ich wirklich krank war, bist Du Tag und Nacht nicht von meinem Bett gewichen. Ich träumte von früher und daß Mutter mir einmal besorgt die Hand auf die heiße Stirn gelegt hat, aber als ich danach greifen wollte, zog sie sie zurück. Und Du, Klara, hast plötzlich mit Deiner rauhen Zunge meine Hand geleckt, und dabei hast Du geschnurrt. Ich habe fest die Augen zugekniffen und so getan, als merkte ich nichts. Du erträgst es ja nicht, daß man Dich bei Deiner Zuneigung erwischt. Das kenn' ich schon, Klara, damit kann ich leben.

Du, die Du mir die Liebste bist.

Ich bringe Dir ein sehr schönes geflochtenes Körbchen mit. Du wirst es verstimmt ansehen und Dich nur hineinlegen, wenn ich nicht da bin. Ich werde es merken an den schwarzweißen Haaren auf dem Kissen – unsere Rosa ist rot. Du wirst das Körbchen jedoch niemals auch nur beachten, wenn ich im Zimmer bin. Es ist gut so.

Liebe Klara, es geht mir gut. Die Sonne scheint, das Meer rauscht, ich esse exotische Früchte. Ab heute noch eine Woche, dann bin ich zurück.

Du fehlst mir so sehr.

RENÉ SCHICKELE
Katzen

Sie liegen irgendwo in den gewohnten Ecken
und scheinen zu sinnen.
Die Augen schimmern grün.
Man darf sie necken,
sie lassen sich gewinnen.
Und alsdann
legen sie sich auf den Bauch und runden
den Leib, versuchen mit Schnauze und Pfoten
deine Hände zu greifen,
und ihre Augen glühn,
die grünblaugraugelbroten.
Irgendwann
erheben sie sich und beginnen
eine kleine Vergnügungsreise durchs Haus.
Schließlich sehn sie zu einem offnen Fenster hinaus,
sie strecken
die Schnauze in die Luft und lassen die Augen schweifen,
prüfen: kann diese Witterung
einem Katzentiere munden?
Und schon sind sie mit wahrhaft musikalischem Sprung
in der blauen Luft verschwunden.
Am Abend sind sie plötzlich wieder da.
Man findet sie wie seidige, o so
geschmeidige Damen, die man vor Stunden

glänzend und stark aus der Haustür treten sah,
mit ausgestreckten Beinen
weich zerknittert irgendwo,
wo sie in Erinnerungen versunken scheinen.

MASCHA KALÉKO

Der Kater

Ein Selbstgespräch

Wie? Mäusefangen? Nicht die Spur!
Bloß Gabelfrühstück und l'amour ...
Was? Romeo und Vaterpflichten?
Familienglück? – Ich kann verzichten!
– Kater werden ist nicht schwer,
Kater sein dagegen sehr.

THEODOR STORM
Von Katzen

Vergangnen Maitag brachte meine Katze
Zur Welt sechs allerliebste kleine Kätzchen,
Maikätzchen, alle weiß, mit schwarzen Schwänzchen.
Fürwahr, es war ein zierlich Wochenbettchen!
Die Köchin aber – Köchinnen sind grausam,
Und Menschlichkeit wächst nicht in einer Küche –
Die wollte von den Sechsen fünf ertränken,
Fünf weiße, schwarzgeschwänzte Maienkätzchen
Ermorden wollte dies verruchte Weib.
Ich half ihr heim! – der Himmel segne
Mir meine Menschlichkeit! Die lieben Kätzchen,
Sie wuchsen auf und schritten binnen kurzem
Erhobnen Schwanzes über Hof und Herd;
Ja, wie die Köchin auch ingrimmig drein sah,
Sie wuchsen auf, und nachts vor ihrem Fenster
Probierten sie die allerliebsten Stimmchen.
Ich aber, wie ich sie so wachsen sehe,
Ich pries mich selbst und meine Menschlichkeit. –
Ein Jahr ist um, und Katzen sind die Kätzchen,
Und Maitag ist's! – Wie soll ich es beschreiben,
Das Schauspiel, das sich jetzt vor mir entfaltet!
Mein ganzes Haus vom Keller bis zum Giebel,
Ein jeder Winkel ist ein Wochenbettchen!
Hier liegt das eine, dort das andre Kätzchen,

In Schränken, Körben, unter Tisch und Treppen,
Die Alte gar – nein, es ist unaussprechlich,
Liegt in der Köchin jungfräulichem Bette!
Und jede, jede von den sieben Katzen
Hat sieben, denkt Euch! sieben junge Kätzchen,
Maikätzchen, alle weiß, mit schwarzen Schwänzchen.
Die Köchin rast, ich kann der blinden Wut
Nicht Schranken setzen dieses Frauenzimmers.
Ersäufen will sie alle neunundvierzig!
Mir selber! ach, mir läuft der Kopf davon –
O Menschlichkeit, wie soll ich dich bewahren!
Was fang ich an mit sechsundfünfzig Katzen!

ELSEMARIE MALETZKE
Lili, faß!

Wie ich, ein halbwegs aufgeweckter Mensch, mit so einer dummen Nuß wie meiner Katze Lili zusammenleben kann, ist mir jeden neuen Tag, der über ihrer Schusseligkeit aufgeht, ein Rätsel. Einen Mann, der meine Schuhe im Schrank durcheinanderwirft und sonst nichts zum Gelingen der Partnerschaft beiträgt, könnte ich bitten auszuziehen. Aber wie kündige ich einer Katze, die sich sturheil auf mich verläßt, im übrigen aber nie gelernt hat, auch nur die Türe hinter sich zu schließen? »Lili, es zieht!« Phh! – Und kein Gedanke, selbst ein wenig für sich aufzukommen oder nützlich zu wirken. Leichter Sport, im Herbst die lebensmüden Brummer von der Fensterscheibe zu tatzeln und aufzufressen, als sei's Geziefer unübertroffen delikat. Aber wehe, das Dosenfutter ist mal nicht von der ersten Sorte. »Du verschnobbtes Tier, die Katzen in Indien wären froh ...« Ph! Ph! Dann stirbt sie eben auch, ehe sie diesen Fraß anrührt. Vom Katzenteller stinkt's; der Brummer legt die letzten Eier drauf; ich geh' ein Viertel Hühnerherzen kaufen. Das nennt man Wohngemeinschaft.

Meine Katze Lili trug ursprünglich den Namen Tigerlili, weil ich sie gerne für ein mutiges, freischweifendes Tier halten wollte. Sie hatte, als ich sie vor dreizehn Jahren aus einem verflohten Ami-Haushalt in Rödelheim bezog, noch eine Schwester, die ebenfalls bei mir Aufnahme fand, eine rotschwarz-grau gefleckte Kätzin voller Energie, Anmut und Intelligenz. Allerdings verschwand dieses erzgescheite Tier nach einem halben Jahr, offenbar ein Opfer seiner Kühnheit, im Sack eines Katzenfängers, so nehme ich an. Meine Katze Lili aber hat tadellos überlebt: strohdumm und unscheinbar, walzenförmig, mit zu kurzen Beinen und kugelrunden Augen. Wenn sie auf der Fensterbank kauert, sieht man sie kaum in ihrem graugetigerten Tarnkostüm, und ein lockendes »Miezimiezi« von der Straße löst ihre polternde Flucht ins Zimmer aus. So dient sie mir zur Anschauung, daß Schönheit kein Garant für Glück ist, daß ein Leben voller Abenteuer kurz ist und man seine Nase nicht in fremde Säcke stecken soll.

Man hört bisweilen, daß Mensch und Haustier sich im Lauf der Jahre ihres Zusammenlebens physiognomisch und charakterlich anpaßten. Der Mops-Halter neige zu Phlegma, O-Beinen, Fettwülsten um den Hals und dergleichen mehr. Das ist natürlich blanker Unfug, wissenschaftlich völlig unhaltbar und in der Praxis tausendfach widerlegt. Man denke nur, ich wollte mich wie meine Katze Lili aufführen, wie sie beim Frühsport mit Affenzahn und von den Möbeln abprallend durch die Wohnung donnert, um sich schließlich völlig desorientiert um ein Stuhlbein zu ringeln. Nein, auch in der Beziehung Mensch–Tier muß einer immer genau wissen, wo es langgeht, und das ist natürlich der Mensch. Ich habe zum Beispiel mit meiner Katze Lili eine gemeinsame Sprache auf der Basis von Gurr- und

Zu verschenken: Kratzbaum, neu und
unbenutzt, auch als Blumenständer geeignet...

Schnalzlauten entwickelt, die sie befähigt, meine Anweisungen zu befolgen. So lautet die erste Lektion im Klartext: »Pfoten weg!«, wenn sie sich an die neubezogene Sessellehne hängt. Muß ich allerdings feststellen, daß das Biest in meiner Abwesenheit das dicke Tuch in fadenscheinige Frotteeware verwandelt, tadele ich sie im einverständlichen Idiom: »tztztz!« und wickele den Sessel in die Bügeldecke, ehe ich zum Einkaufen gehe. Zeigt auch das keine Wirkung, werfe ich ihr beim Nachhausekommen die abgerissene Lehne hinterher. Das ist die Sprache, die meine Katze Lili versteht.

Etwas haben meine Katze Lili und ich doch gemein. Wir sind beide alte Junggesellinnen; ich aus freien Stücken, sie, weil ich ihrem Treiben, das mir stinkende Kater und einen unübersichtlichen Haufen Nachwuchs in der Wohnung bescherte, durch Dr. Möller in der Wielandstraße ein Ende bereiten ließ. Seitdem herrscht Ruhe, bis auf einen unberatenen schwarzen Kerl, der manchmal durchs Parterrefenster hereinstarrt – nach Lili. Meine Affären enden so, daß ich unberatenerweise schwarzen Kerlen hinterherstarre. Soweit die Ähnlichkeit.

Oft schon habe ich bemerkt, wenn ich beim Frühstück von der Zeitung aufsehe, daß meine Katze Lili, die zur selben Zeit eine Kleinigkeit in der Küchenecke zu sich nimmt, wie in Gedanken versunken auf das Resopal neben ihrem Teller blickt. Sollte auch sie vom einsamen Mampfen angeödet sein? Möchte auch sie beim Essen ein wenig gebildet

und unterhalten werden? Sollte ich neben der »Rundschau«
etwas Entsprechendes abonnieren? Dumme Fragen. Selbstverständlich nicht. Meine Katze versucht sich zu erinnern,
wo sie das Papierbällchen einmagaziniert hat, mit dem sie
am Abend durch die Wohnung gefegt ist, und wenn ihr
das eingefallen ist, ob es die Mühe lohnte, das Knäuel für
eine weitere Runde unter dem Kühlschrank hervorzuan-
geln. Bildung? Unterhaltung? Schon die farbigen Wurst-
Anzeigenblätter vom Schade gehen über ihren Horizont.
Sie blättert sie nicht mal um.

Meine und Lilis Feinde sind die Amseln. Wenn eine im
Baum vor dem Fenster dieses abscheuliche Zetern anfängt,
weil sie meine Katze hinter der Scheibe dösen sieht, öffne
ich bisweilen das Fenster und befehle: »Faß!« Was geschieht?
Die Amsel kreischt empört auf, und Lili galoppiert unter
das Bett. Daraufhin klatsche ich laut in die Hände und
schreie in den Baum hinauf: »Verpiß dich!« Passanten auf
dem Bürgersteig beziehen das manchmal auf sich und werfen mir empörte Blicke zu. Was nun? Schrot? Flammen-
werfer? Oder gleich die Rolläden runterlassen?

Es kommt vor, daß ich mich meiner Katze gegenüber
unbeherrscht aufführe. Das ist der Klügeren unwürdig,
aber sie hat manchmal ein Benehmen an sich, das mich
provoziert und erbittert. So heischt sie immer dann meine
Aufmerksamkeit, wenn ich an der Schreibmaschine sitze
und mit einem Text nicht vorankomme. Sie stellt sich dann
vor den Heizkörper, tritt von einem Hinterbein auf das

andere, versetzt ihren aufgeplusterten Schwanz in heftige, schlängelnde Zitterbewegung, als stünde sie unter Strom, und reißt dabei die Klappe zu einem fast unhörbaren Krächzen auf. Das ist so ihre Art, um Zärtlichkeit zu werben. Ich versuche zunächst, sie auf die vernünftige Art abzuweisen: »Jetzt nicht, Lili, du siehst doch, daß ich arbeite, hock dich wieder auf dein Kissen.« Aber das fruchtet nie. Oh, diese sehnsüchtigen kleinen Schreie, mit denen sie sich auf dem Teppich wälzt – gerade so weit von mir entfernt, daß ich vom Stuhl stürzen muß, um ihren Bauch zu kraulen. Und streift mein Finger dann den grauen Pelz, zuckt sie altjüngferlich zurück und entwetzt – nur um sich zwei Minuten später wieder anzuschleichen. Meine Geduld ist kurz. Ich öffne das Fenster und sage barsch: »Du nervst! Verschwinde!«, was sie unter bedauernden Quietschlauten auch tut. Spätestens wenn ich zu Bett gegangen bin, reut mich meine Herrschsucht. Ich vermisse den warmen Kloß, um den ich sonst meine Füße arrangiere, und male mir Gefahren auf Straßen und in Hinterhöfen aus. Alle zehn Minuten hänge ich am Fensterladenspalt und wispere in die Nacht hinaus: »Lili? – Lili? – swswswswswss.« Bin ich dann endlich eingeschlafen, wecken mich ihre heulenden, tiefempfundenen Klagelaute, die ankündigen, daß sie soeben nach Hause gekommen ist, bei ihrem Ausflug etwas Unbekömmliches aufgelesen hat und auf den Teppich kotzen wird.

Wenn ich verreist bin, kümmern sich zwei reizende Nachbarinnen um Lili. Das geht so weit, daß sie ihre Lese-

und Fernsehstunden in meine Wohnung verlegen, um der Katze Gesellschaft zu leisten, die von soviel Zuwendung irritiert ist und allen Annäherungsversuchen quiekend entspringt. Kehre ich heim, rufe ich schon an der Tür nach ihr. Sie aber verharrt reglos und stumm auf der Fensterbank, bis ich mich installiert habe – nicht aus Trotz, sondern um sich selbst zu schonen. Der Vorgang des Kofferauspackens bringt uns nämlich wechselseitig zum Rasen; sie mit wirbelnd-durchdrehenden Stummelbeinen übers Linoleum, wenn die Zahnbürste mit einem Klack in den Becher zurückfällt. Ich wiederum muß mich über dieses schreckhafte Tier erregen, das prompt aufsucht, was seinen Nerven den Rest gibt. – Erst die Morgenstunde sieht uns in gelöster Stimmung. Der getigerte Klops zu meinen Füßen entrollt sich; hervor kommt meine Katze Lili, die mit elektrifiziert bebendem Schwanz über die vom Plumeau geräumte Matratze stakst, um ihre Stirn gegen den Bettpfosten zu rammen. Dabei gibt sie eine Folge von schnarchenden und seufzenden Lauten von sich, die ich glucksend und flüsternd beantworte, während ich ihren Schwanz durch meine Finger wickele. Dann fliegt mich wohl der Verdacht an, daß meine Katze Lili und ich allmählich zusammen alt und dumm werden, aber ein Trost erwächst mir daraus nicht.

ABC,

die Katze lief in Schnee.

Und als sie wieder rauskam,

da hatt sie weiße Stiefel an.

O weh, o jemine!

ABC,

die Katze lief zur Höh.

Sie leckt ihr kaltes Pfötchen rein

und putzt sich auch das Näselein

und ging nicht mehr in Schnee.

Mein Kater und ich sitzen und lesen.
Wie sich herausstellt, lesen Katzen mit
dem Hintern...

MARIE LUISE KASCHNITZ
Die Katze

Die Katze, die einer fand, in der Baugrube saß sie
und schrie.
Die erste Nacht, und die zweite, die dritte Nacht.
Das erste Mal ging er vorüber, dachte an nichts
Trug das Geschrei in den Ohren, fuhr auf aus dem Schlaf.
Das zweite Mal beugte er sich in die verschneite Grube
Lockte vergeblich den Schatten, der dort umherschlich.
Das dritte Mal sprang er hinunter, holte das Tier.
Nannte es Katze, weil ihm kein Name einfiel.
Und die Katze war bei ihm sieben Tage lang.
Ihr Pelz war gesträubt, ließ sich nicht glätten.
Wenn er heimkam, abends, sprang sie ihm auf die Brust,
ohrfeigte ihn.
Der Nerv ihres linken Auges zuckte beständig.
Sie sprang auf den Vorhang im Korridor, krallte sich fest
Schwang hin und her, daß die eisernen Ringe klirrten.
Alle Blumen, die er heimbrachte, fraß sie auf.
Sie stürzte die Vasen vom Tisch, zerfetzte die
Blütenblätter.
Sie schlief nicht des Nachts, saß am Fuß seines Bettes
Sah ihn mit glühenden Augen an.
Nach einer Woche waren seine Gardinen zerfetzt
Seine Küche lag voll von Abfall. Er tat nichts mehr
Las nicht mehr, spielte nicht mehr Klavier

Der Nerv seines linken Auges zuckte beständig.
Er hatte ihr eine Kugel aus Silberpapier gemacht
Die sie lange geringschätzte. Aber am siebenten Tag
Legte sie sich auf die Lauer, schoß hervor
Jagte die silberne Kugel. Am siebenten Tag
Sprang sie auf seinen Schoß, ließ sich streicheln
                      und schnurrte.
Da kam er sich vor wie einer, der große Macht hat.
Er wiegte sie, bürstete sie, band ihr ein Band um den Hals.
Doch in der Nacht entsprang sie, drei Stockwerke tief
Und lief, nicht weit, nur dorthin, wo er sie
Gefunden hatte. Wo die Weidenschatten
Im Mondlicht wehten. An der alten Stelle
Flog sie von Stein zu Stein im rauhen Felle
Und schrie.

MAX KRUSE
Katzenfabel

Schniebel Schnabel
Katzenfabel
Wilde Jahre
Schnurrbarthaare
Liebesnächte
Mondgefechte
Scharfe Krallen
Wohlgefallen

Knurren
fauchen
schleichen
krauchen
schnurren
murren
maunzen
schlecken

Springen
kriechen
sich verstecken
Schnuppern
riechen
Buckel schlagen

Schlummern
wittern
Mäuse jagen
Dieses ist
die Katzenweise
Und
vor allem
leise,
leise

Hatte die Wohnzimmertür offen gelassen.
Mein Kater war bestimmt online, hat sich Katzen–
minze bestellt und Aristocats geguckt...

ROBERT WALSER
Der Roman

Zum Frühstück gab es Brötchen,
Hierzu trank man Kaffee;
Die Katze und ihr Pfötchen
Noch heut' ich vor mir seh.

Ich schuf um jene Zeiten
Auf hübsch geblümtem Tuch,
Erfolg mir zu erstreiten,
Ein umfangreiches Buch.

Durch Tage, Nächte, Wochen,
In schweigendem Gelaß,
Schrieb ich ununterbrochen.
Was für ein Fleiß war das!

Der Katze leises Raunen
Trieb mich zum Dichten an.
Aus einer Schar von Launen
Erstand mir der Roman.

KAREL ČAPEK
So denkt die Katze

Das ist mein Mensch. Ich fürchte ihn nicht. Er ist sehr mächtig, denn er ißt unheimlich viel. Er ist ein Allesfresser. Was frißt du? Gib mir davon!

Er ist nicht schön, weil er kein Fell hat. Da er nicht genug Speichel aufbringt, muß er sich mit Wasser waschen. Er miaut rauh und viel zuviel. Manchmal schnurrt er im Schlaf.

Mach mir die Türe auf!

Ich weiß nicht, wieso er Herr wurde. Vielleicht hat er etwas Vornehmes gefressen.

In meinen Räumen hält er Sauberkeit.

Er nimmt eine scharfe Kralle in die Hand und bekratzt dann weiße Blätter. Andere Spiele kennt er nicht.

Er schläft nachts statt bei Tage, sieht im Finstern nicht, kennt keine Wollust. Er denkt nie an Blut, träumt nicht von Jagd, singt nicht, wenn er liebt.

In der Nacht, wenn ich geheimnisvolle Stimmen höre, wenn ich gewahr werde, wie das Dunkel sich belebt, sitzt er oft beim Tisch und kratzt gebeugten Hauptes mit seiner schwarzen Kralle auf weißen Blättern. Glaub ja nicht, daß ich mich um dich schere. Ich höre nur auf das leise Knistern deiner Kralle. Zuweilen verstummt es, der arme, dumpfe Kopf weiß schon nicht mehr, wie er spielen soll, und da überkommt mich Mitleid; ich geruhe, mich dir zu nähern und greine leise in süßer und doch trüber Stimmung. Da hebt mich dann wohl mein Mensch zu sich herauf und taucht sein warmes Angesicht in mein Fell.

In solchen Augenblicken blitzt eine Art höheren Lebens in ihm auf, er seufzt vor Glück und schnurrt etwas, das man beinahe versteht.

Glaub aber nicht, daß du mich kümmerst. Du hast mich gewärmt, und jetzt gehe ich wieder, um den schwarzen Stimmen zu lauschen.

T. S. ELIOT
Wie heißen die Katzen

Wie heißen die Katzen? gehört zu den kniffligsten Fragen
    Und nicht in die Rätselecke für jumperstrickende Damen.
Ich darf Ihnen, ganz im Vertrauen, sagen:
    Eine jede Katze hat *drei verschiedene Namen.*
Zunächst den Namen für Hausgebrauch und Familie,
    Wie Paul oder Moritz (in ungefähr diesem Rahmen),
Oder Max oder Peter oder auch Petersilie –
    Kurz, lauter vernünft'ge, alltägliche Namen.
Oder, hübscher noch, Murr oder Fangemaus
    Oder auch, nach den Mustern aus klassischen Dramen:
Iphigenie, Orest oder Menelaus –
    Also immer noch ziemlich vernünft'ge, alltägliche Namen.
Doch nun zu dem nächsten Namen, dem zweiten:
    Den muß man besonders und anders entwickeln.
Sonst könnten die Katzen nicht königlich schreiten,
    Noch gar mit erhobenem Schwanz perpendikeln.
Zu solchen Namen zählt beispielsweise
    Schnurroaster, Tatzitus, Katzastrophal,
Kralline, Nick Kater und Kratzeleise –
    Und jeden der Namen gibt's nur einmal.
Doch schließlich hat jede noch einen dritten!
    Ihn kennt nur die Katze und gibt ihn nicht preis.
Da nützt kein Scharfsinn, da hilft kein Bitten.
    Sie bleibt die einzige, die ihn weiß.

Sooft sie versunken, versonnen und
Verträumt vor sich hinstarrt, ihr Herren und Damen,
Hat's immer und immer den gleichen Grund:
    Dann denkt sie und denkt sie an diesen Namen –
    Den unaussprechlichen, unausgesprochenen,
    Den ausgesprochenen unaussprechlichen,
Geheimnisvoll dritten Namen.

„Wir wollen mit Ihnen über Gott sprechen..."

THERESE GIEHSE
Brechts Katze und meine Katze

Seiner Tierliebe frönte er nur heimlich. Er sagte immer:
Was soll denn das Getue um die tierische Kreatur, solange
der Mensch ein so armes, geschundenes Luder ist. Dabei
mochte er Tiere sehr gern. Brechts hatten eine Katze, die
schlüpfte häufig durch die etwas offene Tür in das Zimmer
des Dichters. Einmal wurde Brecht erwischt, wie er eng an
die Wand gedrückt lag und die Katz' malerisch inmitten
des Sofas ruhte. ›Die weiß, was sie will, sie will in der Mitte
liegen. Das respektier' ich‹, hat der große Menschenfreund
gesagt und versucht, sich rauszuschummeln. –

Wegen einer Katz habe ich in England eine ganze Gesellschaft mal warten lassen. Der Wagen war schon vorgerückt,
um uns zu irgendeiner Festlichkeit zu bringen. Alles warte-
te auf mich. Eine Freundin kam zurück ins Haus, um nach
mir zu suchen: »Wo bleibst du denn?« Ich lag auf der Couch,
die Katze auf mir, wir rührten uns beide nicht vom Fleck.
»Ich kann doch nicht aufstehen, wenn die Katze auf mir
ruht.« Die hatte sich lang hingestreckt und es sich so richtig gemütlich auf mir gemacht. Mein Bauch war genau die
Unterlage, die sie brauchte, um warm zu liegen. Meine
Freundin stand ziemlich fassungslos vor diesem Bild, das
wir zwei ihr boten: »Aber dann jag sie doch weg!« – »Denkst,

ich werd mich unbeliebt machen bei der Katz. Ich rühr mich nicht von der Stelle.«

Bis spät in die Nacht hätte ich so gelegen. Die Katz hat sich um unsere Auseinandersetzung überhaupt nicht gekümmert. Die hat mit dem einen Aug ein bißchen beleidigt geschaut und wollt ihre Ruhe. Dann hat meine Freundin die Katze vertrieben und sich unbeliebt gemacht bei ihr. Ich hätt mich auf keinen Fall von der Stell gerührt.

EVA DEMSKI
Tinos Morgentoilette

Der Kater leckt sich seine Pfote
Erst seine weiße. Dann die rote
Darauf das linke Hinterbein
Das vierte Bein, das läßt er sein.

Er wäscht die Ohren ziemlich gründlich
Denn Katerohren sind empfindlich
Dann putzt er lange seinen Bauch
Und seinen Rücken putzt er auch.

Zur Habhaftmachung seines Schwanzes
Bedarf es eines kleinen Tanzes
Erst links-, dann rechtsherum im Kreis.
Der Schwanz ist rot. Die Spitze weiß.

Nach heftiger Wäsche weiß wie Daunen
Und auch so weich, man kann nur staunen
Nun, voller Unschuld wie ein Schäfchen
Rollt er sich ein und hält ein Schläfchen.

Zwei Stunden später wäscht er sein
Vergessenes rechtes Hinterbein.

CHRISTIAN MORGENSTERN
Schnauz und Miez

Ri ra rumpelstiez –
wo ist der Schnauz? Wo ist die Miez?

Der Schnauz, der liegt am Ofen
und leckt sich seine Pfoten.

Die Miez – die sitzt am Fenster
und wäscht sich ihren Spenzer.

Rumpeldipumpel schnaufeschnauf –
da kommt die Frau die Treppe rauf.

Was bringt die Frau dem Kätzchen?
Einen Knäul, einen Knäul, mein Schätzchen!

Einen Knäul aus grauem Wollenflaus,
der aussieht wie eine kleine Maus.

Was bringt die Frau dem Hündchen?
Ein Halsband, mein Kindchen!

Ein Halsband von besondrer Art,
auf welchem steht: Schnauz Schnauzebart.

Ri ra rumpeldidaus –
und damit ist die Geschichte aus.

ROBERT GERNHARDT
Katze in Pflege

Ich rief
deine Katze
Sie kam nicht.

Ich befahl
deiner Katze
Sie gehorchte nicht.

Ich schrie
deine Katze an
Sie wandte sich ab.

Ich lockte
deine Katze
Sie blieb weg.

Erst als ich schwieg
vermochte ich zu hören:
Das Locken deiner Katze
Das Rufen deiner Katze
Das Fordern deiner Katze
Das Schnurren deiner Katze –

Nun habe ich dir
so viel
zu erzählen.

Gott erschafft die Katze

GÜNTER KUNERT
Katzensorgen

Komme ich in mein Arbeitszimmer zurück, liegt sie auf meinem Sessel und schläft, aber sie weiß, daß ich da bin und sie mir den Platz weggenommen hat. Ohne die Augen zu öffnen, den grau gestromten, am Kinn weißbehaarten schlangenähnlichen Schädel gegen die Rückenlehne gestützt, gibt sie sehr leise ein paar klägliche Töne von sich, als weine sie aus herzbrechenden Träumen heraus, von denen ich mir keine Vorstellung machen kann und auch sonst niemand.

Vielleicht sollen die Jammerlaute mich bloß abhalten, ihr den Sitz streitig zu machen, und wie immer, falls es eine ist, geht ihre Rechnung auf. Nun stöhnt sie schwach und ausatmend, viel zu dick und müde vom Nichtstun, gleich übergewichtigen untätigen Männern, von der eigenen Last überwältigt und in Schlummer gesunken. Würde ich versuchen, sie hochzunehmen, sie andernorts zu plazieren, sie fauchte mich an wie einen bösartigen Katzenfeind, einen Fremden, den sie nie gesehen hat. Doch nicht das ist der Grund, das hin und wieder seufzende, bepelzte Wesen liegenzulassen, sondern ihres Schlafes komischer Würde halber – auch darin den Menschen nahe, deren Schlafanblick uns erheitert und zugleich eigentümlich berührt, weil er so verletzlich, so leicht zerstörbar ist. Demonstration wehrlosen und wahrhaft blinden Vertrauens. Es zu mißbrauchen, bringen wir nicht über uns. Darum setze ich mich auf meinen Arbeitsstuhl, unbequemer rastend als das kaum hörbar ächzende Geschöpf, dem ich den Vorrang lasse und das – ich könnte es beschwören – durch den nicht gänzlich geschlossenen Lidspalt mich zufrieden mustert.

HERMANN HESSE
Scherzgedicht

Wenn man so beim Fische-Essen
Beispielsweise Felchen sitzt,
Kann man dessen nie vergessen,
Der hernach die Köpfe frißt.

Die Katze will schon wieder Futter.
Entweder hat sie ein schlechtes Gedächtnis,
oder sie denkt, ich habe eins...

PAUL GALLICO
Wie ich mein Heim eroberte

Ich verlor meine Mutter, als ich noch ein sehr kleines Kätzchen war: mit sechs Wochen stand ich allein in der Welt. Allzu unglücklich war ich aber nicht, denn ich war intelligent, sah gut aus, wußte mir zu helfen und war voller Selbstvertrauen. Auch hatte mir meine Mutter, ehe sie eines Nachts mit einem Auto zusammenprallte, schon eine Menge Instruktionen erteilt.

Eine Woche ungefähr lebte ich allein in der freien Natur und aß scheußliche Raupen und Insekten. Dann beschloß ich, mir eine Familie zu erobern und eine Hauskatze zu werden, und setzte diesen Entschluß in die Tat um.

Ich kam also aus dem Wald und sah am Rand ein kleines, freundlich aussehendes weißes Haus mit grünbemalten Fensterläden, mit einem Geräteschuppen, Blumen- und Gemüsegarten. Reblaube, Fischteich etc. Haus und Umgebung waren sauber und wohlgepflegt und gehörten offensichtlich wohlhabenden Leuten. Dies wurde mir durch einen teuren Wagen in der Garage bestätigt. Du kennst ja unser Sprichwort: »Mit Gefühlen öffnet man keine Hummerbüchse.« Wer eine arme Familie erobern will, bitte schön, soll er – mein Ehrgeiz ist das nicht.

Ich ging zur Hintertür des Hauses und rekognoszierte. Innen frühstückten ein Mann und seine Frau. Ich sah keinerlei Anzeichen von Kindern, auch nicht von Dienstboten, und das war gut. Kinder sind später einmal schon recht, man kann mit ihnen fast immer auskommen, aber wenn möglich sollte man eine Familie erobern, bevor sie eintreffen. Und Dienstboten können sehr schwierig sein.

Das Paar sah genau aus, wie ich mir die ideale Familie vorstellte. So sprang ich also an der Gittertür hoch, hing dort und weinte jämmerlich.

Sie schauten von ihrem Frühstück auf. Ich wußte genau, wie ich mich hinter dem Gittergeflecht für sie ausnahm: unwiderstehlich! Ich tat, als verlöre ich den Halt, ließ mich fallen und kletterte wieder hoch und hörte nicht auf zu weinen. Die Frau sagte: »Ach schau doch! Das arme kleine Ding, es möchte hereinkommen. Vielleicht ist es hungrig. Ich geb' ihm ein wenig Milch.«

Genau das hatte ich erwartet. Schon hatte ich sie! Ich brauchte bloß noch eine Pfote in die Tür zu kriegen, und –

Aber so einfach war es denn doch nicht. Der Mann!

Er hob ein Gebrüll an, stieß scharrend seinen Stuhl zurück, hämmerte mit den Fäusten auf den Tisch und schrie, er hasse Katzen und wolle keine im Haus. Dann brachte er all die uralten Klischees vor, wir seien eine Plage, mischten uns überall hinein, zerkratzten die Möbel und röchen schlecht. Er krähte: »Nix! Kommt nicht in Frage! Wenn du sie unbedingt füttern mußt, gib ihr ein wenig Milch im Schuppen und jag sie nachher fort. Aber sie kommt mir hier nicht herein!«

»Oho«, sagte ich mir, »du mußt mit Vorsicht behandelt werden, mein Freund, und ich bin genau die Richtige dafür.« Ob ihr es glaubt oder nicht, sein Widerstand machte mir beinahe Vergnügen. Es würde ein Spaß sein, ihn zu brechen. Wenn es eine lustige Aufgabe gibt, dann die, einen Mann zu bekehren, der sich für einen richtigen Katzenfeind hält. Und während mir diese Gedanken durch den Kopf gingen, ließ ich mich immer wieder vom Gitter fallen, kletterte wieder hoch und weinte dazu herzzerreißend.

Die Frau öffnete die Gittertür, hob mich hoch und sagte: »Mach doch kein solches Theater, Liebling. Ich geb' ihr schnell ein wenig Milch. Dann setzen wir sie wieder ins Freie.«

Habt ihr verstanden? Je mehr die Männer toben, schimpfen, schreien und brüllen, desto weniger werden sie beachtet. Denn, obwohl er immer noch lauthals protestierte, wo war ich? Im Haus, und lappte Milch aus einer Untertasse.

Einmal drinnen, wußte ich genau, was ich zu tun hatte, denn meine Mutter mußte selbst einen schwierigen Menschen behandeln und hatte mir viel beigebracht über Männer und darüber, wie ich mit ihnen umgehen sollte. Ich ignorierte ihn einfach und hielt mich an die Frau, die mich mit allen möglichen weichen, flötenden Tönen bedachte und mich »Liebes«, »Süßes«, »Braves« und »Schätzchen« nannte. Und natürlich – je mehr Theater sie mit mir mach-

te, desto zorniger wurde der Mann, bis er schließlich schrie: »Das reicht nun wohl! Los, jag es weg!«

Die Frau sagte zum Mann: »Aber natürlich, Schatz, wie du willst«, hob mich auf und setzte mich draußen nieder mit den Worten: »So, Pussy, marsch!« Aber natürlich wußte ich, daß sie es nicht ernst meinte, und sprang sofort wieder am Gittergeflecht hoch und weinte, ich möchte wieder hinein, und der Mann rief: »Siehst du jetzt! Siehst du, was du getan hast? Bring sie zum Wald hinüber.«

Das tat sie, aber sobald sie sich umgedreht hatte, folgte ich ihr zurück zum Haus. Das wiederholten wir noch zweimal, und der Mann kam im Hut aus dem Haus, saß dann in seinem Auto und sah zu. Beim vierten Mal setzte ich mich einfach am Waldrand nieder und schaute elend drein. Der Mann gab seiner Frau einen Abschiedskuß, und das letzte, was er tat, ehe er abfuhr, war, sich umzudrehen und zu sehen, wie ich da saß, ganz allein und verloren. Ich war zufrieden, denn ich war sicher, ihm seinen Tag verdorben zu haben; er würde an nichts anderes denken können als an mich.

Natürlich kam die Frau aus dem Haus, sobald das Auto jenseits der Straßenkurve verschwunden war, hob mich auf und trug mich hinein; das hatte ich ja im voraus gewußt. Ich hatte sie da, wo ich sie haben wollte. Wir hatten einen wundervollen Tag zusammen.

Gegen Abend nahm sie mich in ihre Arme, küßte mich und sagte: »Jetzt, Pussy, wirst du wohl gehen müssen. Gleich kommt er heim.« Sie setzte mich ins Freie, und bald erschienen die Autoscheinwerfer um die Ecke, und der Mann kam heim. Ich blieb draußen, bis es ganz dunkel war, und versetzte mich dann in die richtige Stimmung, um mir furchtbar leid zu tun: ich war einsam und schon wieder hungrig, und so saß ich dann außen an der Gittertür und weinte und weinte aus Leibeskräften.

Im Eßzimmer brannte das Licht. Durchs Fenster sah ich, wie sie aßen. Ich ging unter das Fenster und weinte lauter.

Plötzlich schmiß der Mann Messer und Gabel hin und schrie: »Ich kann dieses Geschrei nicht ertragen!«

Die Frau sagte: »Was für ein Geschrei?«

Der Mann bellte: »Diese verdammte Katze! Ich hab's dir schon am Morgen gesagt, daß das dabei herauskommen würde!«

Verdammte Katze! Jawohl, so nannte er mich. Nun, er würde noch vor mir im Staub kriechen.

Ich legte meine ganze Seele in meine Miaus. Sie hätten ein Herz aus Stein zum Schmelzen gebracht.

Die Frau sagte: »Ach, das arme kleine Ding. Es hat sicher wieder Hunger.«

Der Mann schrie: »Zum Kuckuck, warum holst du es dann nicht herein und fütterst es?«

Die Frau erwiderte: »Weil du doch sagtest ...«

Der Mann schnaubte, warf seine Zeitung beiseite und

rief: »Ich? Das kannst du selber tun, du hast sie auch hereingeholt!«

»Schatz, ich hab's dir doch gesagt, ich bin schon im Nachthemd. Bring die Katze doch an den Waldrand!«

Der Mann knurrte:»Verdammt nochmal! Also gut!« hob mich auf, nahm eine Taschenlampe und trug mich hinaus. Er hielt mich äußerst ungeschickt, und als ich den Kopf unter sein Kinn schmiegte, murrte er:»Laß das, Pussy«, und da wußte ich, ich hätte ihn auf der Stelle weichkriegen können, wenn ich mich nur ein bißchen an seinem Bart gerieben und dazu geschnurrt hätte. Ich wußte jetzt, daß ich ihn erobern konnte, wann immer ich wollte. Aber mir eilte das nicht. Ich beschloß, ihn so weich zu bekommen, daß er mein völlig ergebener Sklave würde. Je mehr Schuldgefühle ich bei ihm erzeugen konnte, desto besser. Und als er sich anschickte, mich im Wald abzusetzen, schlug ich einfach meine Krallen in sein Hemd und weinte los.

Er machte mich los und setzte mich nieder. Ich schrie unentwegt weiter, als er wegging. Natürlich – ich wußte, daß er das tun würde – drehte er sich um und knipste seine Taschenlampe an, um zu sehen, ob ich ihm nachlaufe, und natürlich folgte ich ihm. Er hob mich wieder auf, sagte rauh:»Verdammt nochmal, Pussy, bleib hier!« Ich klammerte mich wieder an sein Hemd. Wir wiederholten das einige Male. Schließlich schmiegte ich den Kopf wieder unter sein Kinn, und er sagte:»Nun, meinetwegen ...«, und ich hob an zu schnurren. Er warnte: »Mach dir bloß keine falschen Hoffnungen, Pussy!« und marschierte los mit mir, aber diesmal trug er mich zum Schuppen und kramte dort herum, bis er ein altes Kistchen fand, und in das verstaute er mich. »So«, sagte er, »du kannst da bleiben, aber mach um Himmels willen keinen Lärm.« Dann ging er wieder, aber er konnte nicht anders, er mußte sich umdrehen und die Taschenlampe anknipsen, um zu sehen, ob ich ihm wieder nachliefe. Diesmal nicht. Ich saß einfach da und sah ihn an, aus der Kiste schaute nur mein Kopf, und er stand da und sah mich an.

Er kam zurück in den Schuppen, ganz ratlos, nahm mich aus der Kiste und sagte: »Was soll das, zum Kuckuck, Pussy?« Ich wühlte meinen Kopf in seinen Hals und schnurrte wie besessen. Er sagte: »O nein. Ins Haus kommst du nicht.« Und dann: »Die Kiste ist dir wohl nicht gut genug? Wollen mal sehen ...« Er setzte mich ab und fing wieder an zu suchen, bis er ein Stück alte Wolldecke fand. Er schüttelte es aus und formte es zu einem kleinen Nest für mich. »So«, sagte er, »wie gefällt dir jetzt das, Pussy?«

Ich beschloß, jetzt müsse ich mit seiner Erziehung anfangen. Ich kletterte wieder in die Kiste. Er verlor die Geduld und brüllte: »Himmelherrgott! Dann bleib halt in der Kiste!« und fing wieder an, wegzugehen. Aber ich wußte, er würde nicht anders können, als sich wieder nach mir umzusehen, und als er das tat, war ich bereit. Diesmal versetzte ich ihm ein lautes Miau.

»Lieber Himmel, Pussy! Ich kann doch nicht die ganze Nacht hierbleiben. *Was* willst du denn?«

Ich miaute nochmals. Er kam zurück, hob mich hinaus, nahm die Wolldecke, legte sie in die Kiste und setzte mich wieder hinein. *Das* hatte ich gewollt, und ich gab es ihm zu verstehen, indem ich sofort in der Kiste Kreise drehte, mein Bett machte und mich darin zusammenrollte, schnurrend. Er schaute einen Moment lang auf mich herunter und sagte: »Okay, Pussy, ich hab's kapiert«, und ging ins Haus zurück.

Seine Frau hatte wohl an der Tür auf ihn gewartet, denn ich hörte sie sagen: »Schatz, was hast du denn so lang gemacht?« und seine Antwort: »Ich glaube, es wird regnen. Ich hab' die Katze in den Schuppen getan, dort kann sie bleiben.« Ha! ha! ha! Ich dort bleiben! Der hatte Humor! Ich kicherte mich in den Schlaf. Nun konnte es natürlich gar nicht mehr lange dauern; ich dachte, am Abend drauf würde ich ihn wohl in Besitz nehmen können.

Es war ein heißer, schwüler Sommerabend. Ich saß auf dem Schoß der Frau und hinderte sie am Nähen; der Mann las wie gewöhnlich seine Zeitung. Ich sprang von ihrem Schoß herunter, streckte mich wohlig und ausgiebig, ging zu ihm hinüber, setzte mich und schaute zu ihm auf. Zuerst tat er, als bemerke er mich nicht, aber schließlich legte er seine Zeitung weg und fragte: »Was willst du denn, Pussy?«

Ich ließ ihm die volle Behandlung angedeihen – das große Begrüßungsritual samt An-den-Beinen-Reiben. Wie erwartet wurde er butterweich. Er säuselte: »Ja, du kleines Hübsches, willst du denn auf *meinen* Schoß?« Und er hob mich auf und legte mich auf seinen Schoß und streichelte mich und kraulte mich am Kinn. Und ich ließ mein Schnurren los und all meinen Charme und wandte sämtliche Tricks an, rollte mich in seinem Schoß zusammen und lehnte mich an ihn und leckte ein paarmal seine Hand, ich strich den Honig so dick auf, daß er förmlich triefte. Natürlich schmolz ich beinahe hin. Er fing an, idiotisches Zeug zu murmeln, zum Beispiel: »Was will sie denn, die kleine Pussy?« und sagte das immer wieder. Er schoß triumphierende Blicke zu seiner Frau hinüber, die schweigend weiternähte. Dann blitzte es plötzlich. Donner krachte und Regen rauschte hernieder. Sie gingen durchs ganze Haus, Fenster schließend, und der Mann trug mich mit sich herum und sagte: »Nur keine Angst, kleine Pussy, das ist nur ein kleines Gewitterchen, nichts Gefährliches.«

Ein wenig später hatten Blitz und Donner aufgehört, aber es regnete immer noch. Die Frau sagte: »Jetzt können wir wohl schlafen gehen. Tust du die Katze hinaus?« Er schaute sie an, als ob sie von allen guten Geistern verlassen wäre, und brüllte. »Was, hinaustun in einer solchen Nacht? Bist du verrückt?«

»Wieso? Sie ist im Schuppen gut aufgehoben. Sagtest du nicht, du wolltest keine Katze im Haus ...?«

Liebes Tagebuch. Habe neulich gelesen, dass glutenfreie
Ernährung für Haustiere sinnlos und vor allem teuer ist.
Kater Moritz hat heute schon wieder etwas glutenfreies
angeschleppt; ich frage mich, wo er das Geld für das
ganze Zeug her hat ...

Der Mann war wütend. »Jawohl, ich will keine Katze im Haus«, schrie er, »aber das heißt nicht, daß sie bei einem Wolkenbruch hinaus muß. Sie zittert ja wie Espenlaub! Hast du kein Herz?« Oh, ja, ich zitterte. Von der Anstrengung, die es mich kostete, nicht laut herauszulachen.

Seine Frau zuckte die Achseln. »Wie du willst. Ich hab' ja nur wiederholt, was du sagtest, als ...«

»Selbstverständlich wie ich will! Wir können ihr in der Küche ein Kissen auf den Boden legen.«

Sie gingen hinauf, ich hörte, wie sie sich dort herumbewegten. Nach einer Weile ging das Licht aus, und die Frau sagte: »Du hast die Schlafzimmertür offengelassen.«

Der Mann meinte: »Wenn ein neues Gewitter kommt oder sonst etwas und Pussy hätte Angst, würden wir sie ja sonst nicht hören, oder?«

Selbstverständlich ging ich mitten in der Nacht hinauf ins Schlafzimmer, sprang aufs Bett und schlief auf der Wolldecke über seinen Füßen, da war es wunderschön warm.

Am Morgen weckte ich ihn, indem ich über sein Gesicht lief und ihm eine Pfote in den Mund steckte. Er setzte sich auf, packte mich und sagte: »Du kleiner Racker, du! Wer hat dich hierher eingeladen? Komm, laß dich anschauen.« Und er fing an, mit mir zu spielen. Ich schmiegte den Kopf unter sein Kinn und schnurrte.

Seine Frau sagte: »Schatz, glaubst du, es ist gut, sie im Bett zu haben ...?«

Er schaute böse zu ihr hinüber. »Wieso? Warum denn

nicht? Schau, sie ist ganz verrückt nach mir. Katzen sind doch saubere Tiere, nicht?«

»Ja, aber –«

»Aber was? Sie ist auf meiner Bettseite; ich weiß nicht, worüber du dich beklagst.«

Wir frühstückten alle miteinander in der Küche, und ich saß dabei auf seiner Schulter oder lag ausgestreckt auf der Stuhllehne hinter seinem Rücken.

Der Mann saß äußerst selbstgefällig da und sagte: »Schau bloß den kleinen Racker an, was ist in ihn gefahren?«

Die Frau sagte: »Nicht ihn, sie. Es ist ein Weibchen. Ich glaube, sie ist in dich verliebt.«

Diese Bemerkung wirkte sehr seltsam auf den Mann, er lachte lauter als nötig, fummelte nach seinen Zigaretten und wußte nicht, was er mit seinen Händen tun sollte. Er errötete sogar. Er sagte: »Unsinn! Ich hab' sie bloß richtig behandelt letzte Nacht, als das Gewitter war. Sie ist dankbar.«

Ich strich auf der Stuhllehne hin und her, rieb mich an seinem Hals und schnurrte. Als er an diesem Morgen zur Arbeit ging, küßte er zum Abschied seine Frau, sagte: »Tschüs, tschüs, Pussy.« zu mir und dann, als er die Tür öffnete, zu seiner Frau: »Paß gut auf meine Katze auf.«

An diesem Abend hockte ich auf seiner Schulter, während er die Zeitung las. Plötzlich legte er die Zeitung weg, gähnte, streckte sich und sagte: »Schlafenszeit, denke ich. Komm, Pussy.« Kein Wort mehr vom Schuppen. Kein Wort mehr von der Küche. Wir gingen alle drei hinauf und ins Bett.

So kam ich in mein Haus.

SABINE HÜBNER

Zum Fressen geboren,
zum Kraulen bestellt
in Schlummer verloren
gefällt mir die Welt.

Ich schnurr' auf dem Schoße,
ich ruhe im Bett
in lieblicher Pose,
ob schlank oder fett.

So gelte ich allen
als göttliches Tier,
sie stammeln und lallen
und huldigen mir;

liebkosen mir glücklich
Bauch, Öhrchen und Tatz –
ich wählte es wieder,
das Leben der Katz.

SARAH KIRSCH
Katzenleben

Aber die Dichter lieben die Katzen
Die nicht kontrollierbaren sanften
Freien die den Novemberregen
Auf seidenen Sesseln oder in Lumpen
Verschlafen verträumen stumm
Antwort geben sich schütteln und
Weiterleben hinter dem Jägerzaun
Wenn die besessenen Nachbarn
Immer noch Autonummern notieren
Der Überwachte in seinen vier Wänden
Längst die Grenzen hinter sich ließ.

MONICA HUCHEL
Fürst Myschkin

Ein Bild vollendeter Harmonie ist Fürst Myschkin. Nach
Körperbau und Größe verzeichnet die einschlägige Fach-
literatur ihn schlicht als ›ägyptische Schlankrasse‹. Doch
wieviel mehr steckt hinter dieser lakonischen Bezeichnung.
Myschkin ist wahrhaft das Katzentier der alten ägyptischen
Sage, in dessen Gestalt der Sonnengott Re gegen die Apho-
phi-Schlange, den Dämon der Finsternis, zu Felde zog. Denn
Myschkin ist strahlend weiß, kein Fleckchen ist an ihm,
und seine mondfarbenen Augen beschwören die märchen-
hafte Vorstellung, wonach die Katze bei den Ägyptern auch
als Vertreterin des Mondlichts angesehen wurde, als ein
dem Mond zugehöriges Wesen, gemäß den Analogien zwischen Mond und Katze: nächtliche Regsamkeit und Ver-
änderlichkeit, sowie des Mondes Einfluß auf die Fruchtbar-
keit der Katze. Nach Plutarch, der in den heiligen ägyptischen
Dingen wohlunterrichtet war, soll die Katze zuerst ein Jun-
ges werfen, dann zwei, dann drei, vier, fünf, sechs, sieben,
so daß es im ganzen achtundzwanzig sind, soviel der Mo-
nat Tage hat. Myschkins Augen füllen sich im Mondlicht
mit flüssigem Gold, dieser weiche, metallene Glanz ist bei
Tageslicht niemals zu sehen.

Eines Morgens im November saß er auf dem Holunder-
strauch bei der Haustür. Stolz und edel, aber doch auch
ein bißchen fremd und verloren. Wie eben Fürst Myschkin

im Zug nach Petersburg gesessen hatte, mit seinem in verblichenes Seidentuch gewickelten armseligen Reisebündel. Da stand sein Name auch schon fest, er war in unser Haus geraten wie Fürst Myschkin zu den Jepantschins. Vielleicht sind auch wir ein wenig miteinander verwandt, ich weiß es nicht, geblieben aber ist eine Aura von Fremdheit, eine echte und wahre, wie sie eben Individualisten im Verkehr miteinander auszeichnet.

Fürst Myschkin führt sein eigenes Leben. Er liebt es, am Tag zu schlafen, denn Katzen sind Nachttiere. Im Sommer schläft er in einer Mulde im hohen Gras, im Winter auf einer Couch im Haus. Gegen achtzehn Uhr nimmt er sein Nachtmahl ein, das er im Laufe des Tages schon einmal begutachtet hat. Am liebsten ist ihm gekochter Fisch oder gekochtes Fleisch, auf rohes Fleisch ist er weniger aus als Chichi. Ein erwachsener Kater – natürlich auch die Katze – braucht einmal am Tag etwas zu fressen. Myschkin verteilt seine Ration über die ganze Nacht. Die letzten Happen verzehrt er morgens, bevor er sich für den Rest des Tages zur Ruhe begibt. Je älter ein Kater wird, desto weniger ausgiebig schnurrt er. Als ein Zeichen vertrauensvoller Sympathie ist schon anzusehen, wenn er in Achterschleifen die Beine des jeweils von ihm Bevorzugten umkreist. Dann darf man ihn auch anfassen und streicheln. Aber wehe, versucht man es, wenn der Fürst gerade nicht dazu aufgelegt ist! Im günstigsten Fall gibt er sein Mißbehagen in einem kurzen, knurrenden Fauchlaut kund, der ein bißchen an Raubtiergebrüll erinnert. Natürlich können Katzen nicht brüllen, ihr Zungenbein ist verknöchert, das der Großkatzen ist elastisch. Dafür kommen die Großkatzen aber auch mit dem Schnurren nicht gut zurecht, nur beim Einatmen gelingt ihnen der Schnurrlaut. Manchmal spart Myschkin sich auch das Knurren und umklammert statt dessen mit herausgestreckten Krallen die Hand, die ihn berühren möchte, und man tut gut daran, sich sehr vorsichtig und vor allem langsam aus dieser Umarmung zu lösen.

CHARLES BAUDELAIRE
Die Katze

Komm, schöne Katze, und schmiege dich
An mein Herz, halt zurück deine Kralle.
Laß den Blick in dein Auge tauchen mich,
In dein Aug' von Achat und Metalle.

So oft dich mein Finger gemächlich streift,
Deinen Kopf und Rücken zu schmeicheln,
Und trunkene Lust meine Hand ergreift,
Die magnetischen Glieder zu streicheln,

Schau ich im Geist meine Frau. Der Strahl
Ihres Blicks, mein Tier, gleicht dem deinen,
Ist tief und kalt wie ein schneidender Stahl.

In schmiegsamem Spiel haucht den feinen,
Gefährlichen Duft, wie Schmeichelgruß,
Ihr brauner Leib von Kopf zu Fuß.

KATZENBESITZER wiegen sich am besten, indem
sie sich zuerst mit ihrer Katze wiegen. Dann wiegen
sie ihre Katze und ziehen das Ergebnis vom Gesamt-
gewicht ab...

WILHELM BUSCH
Hund und Katze

Miezel, eine schlaue Katze,
Molly, ein begabter Hund,
Wohnhaft an demselben Platze,
Haßten sich aus Herzensgrund.

Schon der Ausdruck ihrer Mienen,
Bei gesträubter Haarfrisur,
Zeigt es deutlich: Zwischen ihnen
Ist von Liebe keine Spur.

Doch wenn Miezel in dem Baume,
Wo sie meistens hin entwich,
Friedlich dasitzt, wie im Traume,
Dann ist Molly außer sich.

Beide lebten in der Scheune,
Die gefüllt mit frischem Heu.
Alle beide hatten Kleine,
Molly zwei und Miezel drei.

Einst zur Jagd ging Miezel wieder
Auf das Feld. Da geht es bumm.
Der Herr Förster schoß sie nieder.
Ihre Lebenszeit ist um.

Oh, wie jämmerlich miauen
Die drei Kinderchen daheim.
Molly eilt, sie zu beschauen,
Und ihr Herz geht aus dem Leim.

Und sie trägt sie kurz entschlossen
Zu der eignen Lagerstatt,
Wo sie nunmehr fünf Genossen
An der Brust zu Gaste hat.

Mensch mit traurigem Gesichte,
Sprich nicht nur von Leid und Streit.
Selbst in Brehms Naturgeschichte
Findet sich Barmherzigkeit.

EVA DEMSKI
Sei nicht böse

Sei nicht böse, sagt die Katze, wenn ich mich nicht streicheln lasse. Ich habe an und für sich nichts gegen das Streicheln, im Gegenteil, es ist sehr angenehm, aber man weiß bei dir nie, ob du mich nicht hochnimmst und festhältst.

EVA DEMSKI
An Lulu

Wärm mir meinen kalten bauch
altes katzenluder
über meine füße auch
leg dein pelzgepluder
schnarch dein lied in meine ohrn
sing mir was vom leben
denn ich wünsch mich nie geborn
ach die jahre kleben
mir so schwarz wie pech im mund
schwarz wie du du katze
ich lieg ohne daseinsgrund
müd auf der matratze
tröste mich leg dich zu mir
du verfressne freude
wieder mal mein katzentier
sonntag für uns beide

JOACHIM RINGELNATZ
Vor der Schallplatte eine Katze

Können Töne kratzen?
Können Kratzer tönen?
Frage doch die schönen
Katzen.

Hörtest sonderbares
Kinderweinen in der Nacht.
Hast das Fenster aufgemacht.
Und? – Die Katze war es.

Kann das Ohr sich täuschen
Wie der Blick.
Plötzlich: Aus Geräuschen
Wird Musik.

Welche Laute stören?
Welche siegen unbedingt?
Was wohl Katzen hören,
Wenn Caruso singt?

Über kurz od über lang
Werden sie sich finden,
Künstlerisch verbinden:
Katzmiau und Menschensang.

HEILE, heile Kätzchen,
das Kätzchen hat vier Tätzchen
und einen langen Schwanz –
morgen ist alles wieder ganz.

TEXTNACHWEISE

Charles Baudelaire, Die Katze, S. 86, aus: Charles Baudelaire, Blumen des Bösen, übertragen von Wolf Graf von Kalckreuth, mit Illustrationen von Heinrich Wilhelm Wulff, Insel Verlag, Leipzig 1907

Wilhelm Busch, Hund und Katze, S. 88, aus: Wilhelm Busch, Sämtliche Werke in zwei Bänden, herausgegeben von Rolf Hochhuth, C. Bertelsmann Verlag, München 1982

Karel Čapek, So denkt die Katze, S. 45, aus: Meine Hunde, meine Katzen, bearbeitet und übersetzt von Walter Matos, Eduard Wancura Verlag, Wien/Stuttgart 1960

Eva Demski, Tinos Morgentoilette, S. 53, An Lulu, S. 92, aus: Eva Demskis Katzenbuch, mit Zeichnungen von Tomi Ungerer, Insel Verlag Berlin 2011

Eva Demski, Sei nicht böse, S. 90, aus: Der literarische Katzenkalender 1996, ausgewählt und zusammengestellt von Esther Scheidegger, Schöffling & Co., Frankfurt am Main 1995

T. S. Eliot, Wie heißen die Katzen, S. 48, aus: T. S. Eliot, Cats. Old Possums Katzenbuch, aus dem Englischen übertragen von Erich Kästner, Insel Verlag Berlin 2019

Paul Gallico, Wie ich mein Heim eroberte, S. 64, aus: Miau sagt mehr als tausend Worte, aus dem Amerikanischen von Marta Jacober-Züllig, Müller Rüschlikon Verlag, Cham/Schweiz

Robert Gernhardt, Von einer Katze lernen, S. 11, Katze in Pflege, S. 57, aus: Robert Gernhardt, Gesammelte Gedichte 1954-2006, © 2008 S. Fischer Verlag GmbH, Frankfurt am Main

Therese Giehse, Brechts Katze und meine Katze, S. 51, aus: Therese Giehse, Ich hab nichts zum Sagen, Gespräche mit Monika Sperr, Bertelsmann Verlag, München 1973

Josef Guggenmos, Katzen kann man alles sagen, S. 13, aus: Josef Guggenmos, Oh, Verzeihung, sagte die Ameise, © 1990, 2018 Beltz & Gelberg in der Verlagsgruppe Beltz · Weinheim Basel

Elke Heidenreich, Liebe Klara, S. 15, aus: Von Katzen und Menschen, herausgegeben von Julia Bachstein, © Frankfurter Verlagsanstalt GmbH, Frankfurt am Main 1990

Hermann Hesse, Scherzgedicht, S. 62, aus: Hermann Hesse, Sämtliche Werke in 20 Bänden und einem Registerband, Bd. 10: Die Gedichte, bearbeitet von Peter Huber, Suhrkamp Verlag Frankfurt am Main 2002

Monica Huchel, Fürst Myschkin, S. 83, aus: Monica Huchel, Meine Katzen, Ein Brevier, Insel Verlag Frankfurt am Main 1985

Sabine Hübner, Zum Fressen geboren, S. 80, aus: Sabine Hübner, Goethe für Katzen, Eichborn Verlag AG Frankfurt am Main 2002

Mascha Kaléko, Der Kater/Ein Selbstgespräch, S. 25, aus: Mascha Kaléko, Die paar leuchtenden Jahre, © 2003 dtv Verlagsgesellschaft mbH & Co. KG, München

Marie Luise Kaschnitz, Die Katze, S. 39, aus: Marie Luise Kaschnitz, Kein Zauberspruch, Gedichte, Suhrkamp Verlag Frankfurt am Main 1997

Sarah Kirsch, Katzenleben, S. 81, aus: Sarah Kirsch, Sämtliche Gedichte, © 2005 Deutsche Verlags-Anstalt, München, in der Verlagsgruppe Random House GmbH

Paul Klee, Letztes, S. 12, aus: Paul Klee, Gedichte, herausgegeben von Felix Klee, Atrium Verlag Zürich 2004

Max Kruse, Katzenfabel, S. 41, aus: Die schönsten Kindergedichte, ausgewählt von Max Kruse, mit Illustrationen von Katja Wehner, Aufbau-Verlag, Berlin 2003, © Nachlass Max Kruse, Penzberg, vertreten durch AVA international Autoren- und Verlagsagentur, München, www.ava-international.de

Günter Kunert, Katzensorgen, S. 60, aus: Günter Kunert, Verspätete Monologe, © 1981 Carl Hanser Verlag GmbH & Co. KG, München

Elsemarie Maletzke, Lili, faß!, S. 29, aus: Von Katzen und Menschen, herausgegeben von Julia Bachstein, © Frankfurter Verlagsanstalt GmbH, Frankfurt am Main 1990

Christian Morgenstern, Schnauz und Miez, S. 55, aus: Christian Morgenstern, Gedichte in einem Band, herausgegeben von Reinhardt Habel, Insel Verlag Frankfurt am Main und Leipzig 2003

Joachim Ringelnatz, Vor der Schallplatte eine Katze, S. 93, aus: Ringelnatz für Kinder, Wenn du einen Schneck behauchst, ausgewählt von Peter Härtling, illustriert von Hans Traxler, Insel Verlag Frankfurt am Main und Leipzig 2008

René Schickele, Katzen, S. 23, aus: René Schickele, Ausgewählte Gedichte, Paul Cassirer Verlag, Berlin 1919

Theodor Storm, Von Katzen, S. 27, aus: Theodor Storm, Gedichte, herausgegeben von Gottfried Honnefelder, Insel Verlag Frankfurt am Main 1983

Robert Walser, Der Roman, S. 44, aus: Robert Walser, Die Gedichte, Suhrkamp Verlag Frankfurt am Main 1986

4. Auflage 2024. © Insel Verlag Berlin 2021. Für die Illustrationen © BECK, vermittelt durch Agentur Susanne Koppe, www.aus
erlesen-ausgezeichnet.de. Alle Rechte vorbehalten, insbesondere
das der Übersetzung, des öffentlichen Vortrags sowie der Über-
tragung durch Rundfunk und Fernsehen, auch einzelner Teile.
Kein Teil des Werks darf in irgendeiner Form (durch Fotografie,
Mikrofilm oder andere Verfahren) ohne schriftliche Genehmi-
gung des Verlages reproduziert oder unter Verwendung elektro-
nischer Systeme verarbeitet, vervielfältigt oder verbreitet werden.
Bezugspapier: BECK. BECK im Netz www.schneeschnee.de. Ge-
druckt auf holzfreies, alterungsbeständiges Werkdruckpapier
der Firma LENK Paper Schleipen GmbH, Bad Dürkheim von der
Memminger MedienCentrum AG, Memmingen. Gebunden in
Fadenheftung von der Josef Spinner Großbuchbinderei GmbH,
Ottersweier. Dieses Buch wurde klimaneutral produziert: climate-
partner.com/14438-2110-1001. Erste Auflage 2021. Printed in Ger-
many. ISBN 978-3-458-19494-1. www.insel-verlag.de